你的样子

柯勒律治

[英]斯蒂芬·柯勒律治 著

黄菡 译

写给年轻人的

16 封 信

Letters to My Grandson
on the Happy Life

民主与建设出版社

·北京·

图书在版编目（CIP）数据

活出你的样子：柯勒律治写给年轻人的 16 封信 /
（英）斯蒂芬·柯勒律治著；黄菡译 . -- 北京：民主与
建设出版社，2023.8

　　ISBN 978-7-5139-4246-1

　　Ⅰ . ①活… Ⅱ . ①斯… ②黄… Ⅲ . ①斯蒂芬·柯勒
律治—书信集 Ⅳ . ① K856.156

　　中国国家版本馆 CIP 数据核字（2023）第 105362 号

活出你的样子：柯勒律治写给年轻人的 16 封信
HUOCHU NIDE YANGZI KELELÜZHI XIEGEI NIANQINGREN
DE 16 FENG XIN

著　　者	［英］斯蒂芬·柯勒律治
译　　者	黄　菡
责任编辑	彭　现
装帧设计	M°°° Design
出版发行	民主与建设出版社有限责任公司
电　　话	（010）59417747　59419778
社　　址	北京市海淀区西三环中路 10 号望海楼 E 座 7 层
邮　　编	100142
印　　刷	天宇万达印刷有限公司
版　　次	2023 年 8 月第 1 版
印　　次	2023 年 8 月第 1 次印刷
开　　本	787mm×1092mm　1/32
印　　张	3.5
字　　数	40 千字
书　　号	ISBN 978-7-5139-4246-1
定　　价	49.80 元

译 者 序

这本小书原本的名字大约可以译作"关于幸福生活，给孙子的 16 封信"（Letters to My Grandson on the Happy Life），因此市面上能看到的一个中文译本的书名便是《幸福 16 书》。因为看到它有关幸福，所以很想读；读了之后发现它很有趣，所以就做了翻译。

　　很长一段时间以来，我都在讲授以"幸福"为主题的课程。在讲"幸福课"之前，我确实感觉过很长一段时间的幸福，后来丢失了那种感觉，于是想发现其中缘由并把它找回来：幸福是什么，幸福不是什么，什么会伤害幸福感，幸福起来的方法……我阅读过大量相关主题的书籍，也翻译过伯特兰·罗素的《幸福之路》（也是一本很不错的"幸福书"）。但并没有哪本书能教会人幸福的方法，不过，它们至少可以让你看到可能性之一种。

在柯勒律治写给孙子安东尼的 16 封信中，他细致地叙说了生活中有可能影响幸福感的 16 个方面，谆谆教诲该怎样趋利避害，进退有据，似乎事无巨细，仿佛平淡无奇，却无不一一展现出一位长者对待生活的持之以恒的观察与感受、思考和领悟，更根本的是，对日常生活本身的饱含耐心的爱和建设。幸福没什么深藏不露的奥妙，也没什么高不可攀的秘诀，幸福的方法不在日常生活细节之外的任何时间或地方。

柯勒律治推荐给安东尼的生活是幸福的，但显然不是每个人都能过上那样的生活。但幸运之处在于，绝不是只有过上那样的生活才能感觉到幸福。追求幸福时，最容易让人产生误解的金句之一莫过于托尔斯泰的"幸福的家庭都是相似的"，言下之意是人间的幸福有个统一版本。然而，幸福本无模板，照搬必然出错。每个人的幸福如同每个人的爱情，各有各的模样。

鉴于如上原因，我们把这本书的名字改写成了《活出你的样子：柯勒律治写给年轻人的16封信》。人生而自由，却无往不在重重限制中，如何能活出自己的样子？如果你能活出自己的样子，那一定是幸福的样子。

前　言

我写给孙子的信已经公开出版了两个系列，一个讲的是宇宙的壮丽神奇，一个是简述英国散文的辉煌。

　　眼下这本是最后一本，它可能更具个人色彩，本意是作为长者给年轻人提一点忠告，罗列了我出自一生漫长经历的点滴经验。

　　这是个喧嚣的时代，那些曾被认为亘古不变的道德律令的基础开始动摇，像一艘大船挣断了锚链，随风流转、四方飘零；而我们这些依然相信摩西十诫 ①、一想到自己的挚爱骨肉行将沉沦在没有信仰的浑噩之中便不禁怆然的人，理所应当地要说几句话，为秩序、为信仰、为忠顺、为法则、为美德、为荣誉、为爱。

---

① 犹太教和基督教的诫条。据《圣经·出埃及记》载，十诫是耶和华亲授，并命摩西颁布施行的。犹太教以此为最高律法。

我发现自己闯入了这样一个世界：在这里，开庭的速度赶不上愈演愈烈的离婚潮；在这里，每个人都高扬己见，并把它作为自身品行的最终裁判；在这里，如果杀人者声称动机高尚，那么对谋杀的谴责便不会比盗窃一颗金属纽扣更强烈。

我希望在这个怪异的混乱世界中始终有人相信，善依旧是善，恶依旧是恶，它们的界限未曾改变。

期望这些信能够帮助到一个正在步入生活的年轻人，把幸福建立在更牢靠的基础上，而不是追名逐利的蝇营狗苟和那些市场上甚嚣尘上的"毒鸡汤"上。

斯蒂芬·柯勒律治

目 录

1. 心灵的宁静

我亲爱的安东尼：

　　我曾经跟你谈过你身处的这个世界，也曾经跟你谈过英国散文的美妙、辉煌，此刻，如果你对我尚有耐心，我想再写最后几封信谈谈生活。谈谈作为一个英国绅士，在各种情形中，你该怎样为人处世。你自己会渐渐地发现，你的言行乃至思想对你自身和周围的人有多么重要的影响。阿诺德[①]曾经说过，生活的四分之三是由言谈举止构成的，而在我看来，构成生活另外四分之一的恐怕还是它。

　　安东尼，一般而言你要听从心中的律令，它往往比大脑做得更好，能够带你走上更好的路。

　　是的，听从天性中良知的引领往往比思前想后更有益，我们有些前辈会花掉一日之半去深究

[①] 阿诺德（Matthew Arnold，1822—1888），英国诗人、评论家。重要诗篇有《吉卜赛学者》《色希斯》等。后转向文学评论和社会评论，著有《评论一集》《评荷马史诗译本》等。

细探自己这样说那样做的动机，把进行自我反省当作日课来做。

然而即便是出于高尚的动机，不停地内省还是对谁都没好处。

除非你是个铁石心肠的恶人。安东尼，我确信你不是。既然不是恶人，那么一旦你做了卑鄙、邪恶之事，你的良知自然会站出来谴责你，用不着大脑去自我审查。我想给你的忠告是：尽量少琢磨自己，多去跟随心中不断跃出的美好坦率的冲动，并尽可能让它洋溢在整个生活里。

但是如果你说了错话、做了错事，良心因此受到折磨，那就不要揪住自己不放。你应该及时坦诚道歉，全力弥补过失——向可能被你伤害的人和上帝请求原谅。然后继续平静地走你的路。只有不可宽恕的罪过才需要我们永远忏悔。在遥远的东方，有一座庙宇的硕大匾额上刻着"切莫自寻烦恼"，你应该牢记这一教诲。

在这个不完美的世界里多想想他人的好处吧，

不要总是纠缠于他们的过错；同时，安东尼，也不要为自己的缺陷感到沮丧，而是要期望明天会做得更好。原谅他人对你的冒犯，如此，你才能指望别人原谅你的过错。

　　要由衷地感谢你得到的一切幸福；感谢世界的美好，感谢生活的慷慨赠予，感谢你的祖国带给你的骄傲和荣耀，感谢你家庭的挚爱与甜蜜；总之，安东尼，为了祖国和家庭的荣誉，你当尽职尽责。

你敬爱的老祖父

2. 快乐是一种义务

我亲爱的安东尼：

　　我始终认为大家都应该认识到保持快乐是一种义务。

　　快乐会令你自己和你周围的人感到幸福。

　　清教徒拥有许多优秀的品质：他们知敬畏、有勇气，他们坚毅、热忱；但他们却视快乐为罪恶，认为快乐会令美德蒙尘。他们似乎完全生活在这样一种可怕信念的阴影下，即他们是上帝的戴罪子民，若想死后得到救赎，唯一的选择就是生前去过痛苦悲惨的生活。

　　安东尼，我觉得我们没必要这样以为：只有我们不开心，上帝才会开心。

　　看看我们在地球上的其他"同胞"，你会发现它们总是带着一股子压不住的欢快劲儿在忙。

　　小鸟身体的每个动作都是在表现它的开心

快乐。

蜜蜂从不会停下它欢快的劳动而坐下来发愁。

蚂蚁显然没时间卖惨。

而母牛用它的风度展示着体面的安逸。

显然，当我们用欣赏的态度来反观这个世界上无处不在的神奇时，我们也应当是愉快和轻松的。

《旧约》里充满了对喜乐之心的赞美：

"喜乐的心，乃是良药。忧伤的灵，使骨枯干。"（《箴言》xvii.22）

"心中喜乐，面带笑容。心里忧愁，灵被损伤。"（《箴言》xv.13）

"阴郁致人死，心灵阴郁破坏人的坚毅。"（《次经传道书》xxxviii.18）

"不要有心灵重负：远离它，切记你的最终目标。"（《次经传道书》xxxviii.20）

安东尼，唱着歌去工作吧，而在晚上回家时

让快乐围绕着你：这是《圣经》里的智慧。

　　轻跑，轻跑，沿着小道，

　　轻快跃过拦路的藩篱：

　　快乐让我们终日轻跑，

　　而忧伤使我们寸步难行。

　　正如莎士比亚所说，这才是真正的生活智慧。快乐的心灵充满活力，带我们跃过困难与烦恼的藩篱，让通往目的地的路途充满生命的欢乐。

　　有些人养成了阴郁消极的习性，这种习性在他们的生活里日渐顽固，直到不仅他自己郁郁寡欢，连周围的人也都因他痛苦不堪。

　　这种习性最初可能源于身体健康不佳或虚弱，甚至某种慢性疼痛。

　　但在这种情况下，任由身体控制心灵并形成消极习性，自然会进一步加剧身体问题。因此，最有益于身体的莫过于果断克服身体问题所带来的挫败感。

心理学家曾经告诉我，如果一个人感到沮丧、抑郁，他可以刻意让自己嘴角上扬，露出微笑，这将有助于他驱散阴霾，重获快乐。

总之，安东尼，你有能力选择让自己总是看到事物光明的一面，总是对身边的一切保持积极的态度。无论如何，最后带着笑容离去，叮嘱那些爱你的人不要悲伤——至此体面地完成你的人生使命，并保持你的生活甜蜜而美妙。

基督或其信徒是否曾经笑过，《新约》里没有记载，这是人世间的一个遗憾——然而，尽管他们忘了告诉我们这一点，我们也完全可以想象，至少在身边簇拥着一群孩子时，那些圣徒的脸上会露出幸福仁慈的笑容。

有一些英国人认为，喜怒不形于色是男人的优秀品质。所以哪怕正在经受巨大的悲痛，他们也绝不显露一丝哀伤。当别人前仰后合地开怀大笑时，他们依然稳如磐石、不动声色。

他们认为，驾驭和控制住一点一滴的情感活动是尊贵的体现。

我常常怀疑，他们表现得这般努力克制感情的真实原因，其实是他们本无感情——就像那个故事里说的，一个矿工听到自己的亲弟兄在爆炸中身亡时大喊："天哪，天哪，他还拿着我一把小刀呢，在他口袋里。"

但是要认识到，安东尼，如果压抑情感，我们的心灵也会同样受到压抑，因为心灵是一切情感的基础，而心灵是你很少出错的领航员。

《圣经》上说，"让心灵的声音做主吧"，"因为人对自己的心灵最忠诚"。

粉碎了情感而心冷似铁的人永远不会热爱诗歌，不会懂得璀璨的人类成就将给那些还没有僵化和死亡的灵魂带来荣耀与升华。

云雀在天堂的门口吟唱它的欢乐和爱情，这在那种人眼里毫无意义，不过是一只可有可无的鸟在天上叽叽喳喳。"丝一般柔软的迎春花无奈地凋谢"，对他而言这是无病呻吟，但对于一个健康的心灵来说却是"无名小花，默默开放，让人伤心到落泪"。所以，安东尼，不要压抑你的情感或心灵，盲目地以为自视甚高的自我控制能够带来尊贵。

多去仰望永远在俯视众生的天空，跟云雀一道在天堂的门口歌唱。

你敬爱的老祖父

3. 保持身体健康

我亲爱的安东尼：

　　生活里有三件事对我们的幸福感影响最大。第一和最重要的是身体健康；第二是投身有益且有趣的职业；第三是让自己值得被爱。

　　身体健康可谓无价之宝，却不会像财富那样引起他人的嫉妒；我想这是因为我们失去了身体健康不会给任何人带来好处。善妒者可以觊觎我们的财富，但却不可能将我们的健康据为己有。心灵与身体的关系是如此密切，可以说，离开健康的身体，心灵的幸福感和满足感便无从谈起。

　　健康问题通常与我们自身的不良习惯和遗传有关，所以维护健康的第一要务——这不仅关乎自身而且影响后代——是保持身体的新鲜、活力和洁净。

　　我们要把保持健康当作责任，因为没有哪个

人是独自活着的，我们自身的健康会极大地影响周围人的幸福安康，他们与我们休戚与共。观察一下动物王国你会立刻发现，不健康是不正常的，自然中的飞禽走兽终其一生都是健康快乐的。

在我们的花园里，你能看到各种各样的鸟，有意思的是我们从没见过一只生病或虚弱的，而且自打我们来到这里还从没发现过一只因患病而死去的鸟。

或许可以依此类推，如果我们克服不良习惯，遵循自然规律，我们也可以像花园里的鸟儿们一样健康快乐。

但是，安东尼，去看看那些我们经常交往的生活圈子，简直是满目疮痍；生命之舟自港口起航时充盈丰沛，却永远不能抵达应许之地——成熟、安详的暮年时光。

一个坏的生活习惯可能会把一个中年人送进坟墓，否则的话，他还可以再活三十年。德莱顿说："坏习惯的形成往往不知不觉、日积月累，就像小溪汇成大河，大河奔流入海。"在这不知不觉的日积月累中，我曾看过一个人身上的某种精神积习怎样被豢养长大，直到他的体质被悄然破坏，直到最终丧失了健康、人格和整个生活，而这种精神积习却没有带给他任何看得见的补偿。人生理想落空了，生命中的伟大事业夭折了，身后的孤儿寡母陷入贫寒，留给他们聊以自慰的只剩下关于一个自甘堕落的丈夫和父亲的不堪回忆。

服用或饮用有害的东西便会招致头痛不适的人是幸运的，"来一杯？"往往是迈向深渊的第一声邀请。

安东尼，为了你的健康，当然也是为了你的钱包，最好的做法是绝不酗酒；其次的选择是除非用餐决不饮酒；最后，有节制地饮酒。逢年过节偶尔大喝烂醉，这对身体的伤害还是比常年泡在酒里要小，常年酗酒只会照顾酿酒厂和殡仪馆的生意。

因此，除非是前辈的不良生活习惯给我们遗

传了不良体质，否则身体健康完全是一件我们自己可以把握的事。安东尼，在这一点上你可以庆幸，你的前辈都是生活节制、起居洁净的。如果你也能够生活简单，饮食清淡，让房间空气流通，改掉坏习惯，自会福寿绵长——"有健全的身体才有健全的精神"（拉丁文谚语）。安东尼，记住这个道理，离开自律的肉体，心灵的安然有序便失去了基础。

你只有一次生命，我希望你在生命中有值得自豪的自律，有保持清白的勇气，并因此确信，你始终能保证自己幸福地活到安详的晚年。

你敬爱的老祖父

4. 工作带来的幸福

我亲爱的安东尼：

排在身心健康之后，追求幸福的第二个方法是获得来自工作的价值感和趣味性。

无所事事会缩短寿命，而勤奋工作能延长人生。很少有什么工作比最高法院法官的工作更费心费力的吧？但众所周知，法官们都格外长寿。

我们都深有体会，昼去夜来，一整天尽责工作一定比一整天无所事事带给人更多的好心情。亚当要凭借辛苦劳动养家糊口，这不是一种惩罚，这是一种恩惠。

大部分人的境遇都比亚当要好，我们可以自己选择不同的领域耕耘，而亚当别无选择只能耕田种地，这可不是每个人都喜欢干的。

不过这也许正合亚当之意，毕竟，不能识文断字的人也不太可能从事其他工作。

安东尼，你不必选择农夫的体力劳动作为自己的职业，因为你不是出生在那种环境中的。

然而安东尼，我们永远不要误解，从事农业或许是一个人可以追求的最光荣的职业。成千上万的中国人将耕种土地视为一种敬奉，说到底，它是文明生活全部体系的基础。

需要成为能工巧匠的手工行业恐怕也不在你的职业选择之列。

各种不同的劳动者如何各得其所，这在几千年前的《圣经》里就有了精妙的阐述，蕴含了太多智慧。

其中有一段文章坦率清晰地说明了劳心者与劳力者该如何各司其职：

"扶犁鞭牛耕地，以刺棒为宝物，满嘴只说小阉牛，终日出苦力的人，如何获得智慧呢？他全力以赴地犁地，尽心尽意地喂牛。

"木匠和老师傅们日夜操劳，制作印章，勤勉地增加种类，还得留意赝品伪作，监督作品完工。

"铁匠也坐在铁砧旁，琢磨着铁器活儿，烈焰肆虐他的发肤，他与熔炉的炙热对抗着；铁锤和铁砧的击打声声声入耳，眼睛则紧盯着锤炼的物件；他下定决心要完成工作，还要把活儿做得漂亮。

"陶土匠也在干活，他用脚操作转轮，小心翼翼地摆放他的作品，并一一计数；他用手将陶土塑形，同时力量沉于脚下；他自始至终专心致志，完工后还要用心打扫火炉；所有这些都依靠双手，每个人工作时都很聪慧。

"离开他们，一座城市就不能让人安居乐业：人们便不能随意居住，上下流动。人们决定公共事务时不会去咨询他们，他们不会在集会中雄踞上座；法官席上不会有他们，他们也听不懂审判词；他们不可能去宣布正义与审判，甚至连讲个寓言故事的机会都没有。然而是他们维持了世界的运转，而他们的全部热望不过是做好自己的手艺活儿。"

《圣经》在这里把应有的荣誉赋予了诚实的手艺人，那些用双手和身体的精湛技艺工作着的人，我们认识到，是他们"维持了世界的运转"。

但是就你而言，安东尼，你的工作应该主要是用大脑，而且恐怕主要是语言器官。

如果选择教育领域，那么一副清澈悦耳的好嗓音比其他生理天赋都更有优势。选择最热爱的工作，然后投入全部的力量、热情和专注吧。尽力去做喜欢的工作不仅不会妨碍你什么，而且会不断带给你满足和幸福感。当你白天努力工作有所收获，到了晚间，那种心满意足舍此便无从体会。

有句老话说得深得其意，魔鬼总会让游手好闲的人惹是生非，当然，假如闲汉远离了邪恶，他们也会感到失落和煎熬。

懒惰是一种令人不齿的陋习，《圣经》里充满智慧的《箴言》经常谴责它：

"懒惰人放手在盘子里，就是向口撤回也以为劳乏。"

"懒惰人看自己，比七个善于应对的更有智慧。"

"做工懈怠的，与浪费的人为弟兄。"

"再睡片时，打盹片时，再抱着手躺卧片时，你的贫穷就必如强盗速来，你的缺乏仿佛拿兵器的人来到。"

忠实地完成自己热爱的工作，这可能是我们的愉悦感与满足感的最大源泉。

安东尼，我想，没有什么更好的生活祝福了，祝你最终找到自己心仪的工作，无论做什么，都能养成诚实勤劳的好习惯。

你敬爱的老祖父

5. 享乐

我亲爱的安东尼：

　　今天我将跟你谈谈享乐。享乐与幸福感是完全不同的两件事。幸福感是一种心理状态，它可能会受到我们所处环境的影响，但是与享乐相比，它是主观性的、被动发生的；而享乐则是我们主动从非自身的事物中获得的享受感。

　　人类最崇高的愉悦来自爱的付出和回报，不过，关于这种伟大的情感，我稍后得专门写封信来谈。

　　这里说说生活中最值得追求的一些其他愉悦。

　　人人都有享乐的天性，年轻人尤甚，这是正当而有益的，但享乐之中存在对与错的选择。

　　某些享乐带我们走向毁灭，而另一些则会将我们带往爱与平和之境。

　　有些简单的享乐局限于身体的感觉，开始于身体，结束于身体，有节制地享受它们并无害处。

以美味佳肴满足口腹之欲亦无不当，但耽于美食却不会比粗茶淡饭留下更多余味。

我们理所当然地鄙视那些放任自己暴饮暴食、脑满肠肥之徒。

还有些沉迷肉体的粗俗行径我就不细说了，它们无不带来堕落，每次放纵之后留下的都是身体的病态满足和精神的退化。

安东尼，我希望你去寻求那些既不会败坏胃口又不会压抑心灵的乐趣。

这样的乐趣在生活的方方面面随处可见。我们精神和心灵的所有美妙感受几乎都需要跟人分享。如果我们有几个能够共情的朋友分享我们的快乐，那在我们看到这个美丽世界的明媚景色时，油然而生的简单快乐会立刻升华。

当天空中绚丽的彩虹蓦然跃入眼帘，我们的第一反应是呼唤正在附近的朋友一起来看。

即便是冥顽不化的守财奴也不会妄图独享壮丽的海上日落。

所以我们看到，安东尼，人类心灵的自然天性驱使我们想去与他人分享高雅的乐趣。因此我们认识到，为了享受我们的高雅乐趣，我们需要友情，需要能与我们共情、给我们理解与友爱的朋友，这样的友情值得我们追求。

我们都可以致力于把家庭环境营造得温馨雅致，避免心理氛围中的冲突震荡，切忌遇小事而轻易动怒，不要在言行上有丝毫无礼轻慢。

安东尼，一个绅士永远不会粗鲁行事，他当然可以生气，但他绝不会恶语伤人。

顺便说一下，我留意到，真绅士即便喝醉依然能够保持绅士风度，而假绅士一旦喝多就会剥掉浅薄的礼貌外衣，露出粗鄙的本性。早在公元前 500 年，埃斯库罗斯 ① 似乎就注意到了这点，他说：

"铜镜照出的是身体，饮酒看出的是心灵。"

那么，安东尼，如果你能够成功地营造家庭

---

① 埃斯库罗斯（Aeschylus，约前525—前456），古希腊三大悲剧家之一，有"悲剧之父"之称。代表作有《被缚的普罗米修斯》《俄瑞斯忒亚》等。

的共情与亲密，你便定能从中找到世上最纯粹的欣悦。

柯勒律治①曾经描写过冬天的夜晚，围聚在华兹华斯②家炉火边的"亲爱的面庞的幸福景象"。

风在屋外呼号，雨在敲打窗帘下的玻璃窗，客人和家人在这样的冬夜围绕炉火齐聚一堂，其间的亲密愉悦如何令人欣慰自不待言。

画家朱利斯·巴斯蒂昂-勒帕热③回访故乡当维尔时，他的传记作者记录了那个令人愉快的场景：

"夜晚，用过晚餐后，我们围着桌子玩牌。朱利斯总是把他最好的牌丢掉，想着法儿让祖父赢；

---

① 柯勒律治（Samuel Taylor Coleridge，1772—1834），英国诗人、文艺评论家，湖畔派代表。1798年与华兹华斯共同出版《抒情歌谣集》。其诗作多采用象征手法，描写超自然的事物，充满神秘色彩。主要作品有长诗《古舟子咏》《忽必烈汗》等。

② 华兹华斯（William Wordsworth，1770—1850），英国诗人，湖畔派代表，1843年被封为桂冠诗人。他主张以自然清新的诗风、日常质朴的语言开掘人的内心世界。代表作有长诗《序曲》，组诗《不朽颂》《露西》等。

③ 朱利斯·巴斯蒂昂-勒帕热（Jules Bastien-Lepage，1848—1884），法国乡村风俗画家和肖像画家。他继承了法国绘画的民主主义传统，其作品在法国和英国受到广泛模仿。代表作有《垛草》《收割的农妇》等。

当八十多岁的老人得意于自己的胜率开始下注时，朱利斯会拍着他的肩膀带着哭腔喊道：'啊！这人运气太好啦！他会把我们全赢了的！'眼里却闪着开心的光。"

一个以纯粹的爱心为基础的家庭，安东尼，这难道不是一幅"幸福的景象"吗？

但是，我们都会在自己的生活里经历那样的时刻，即感到生理性的、仅就身体而言的孤独。于是，安东尼，我们应该与那些最伟大、最优秀的人结伴，他们在书中给了我们不朽的教诲，与他们相伴将是我们能体会到的人生最大乐趣之一。

我知道，我之前的那些信已经让你感觉到了，一片无垠的乐园正静静地躺在一个精心挑选过的图书馆的书架上等待着你，阅读它们会让你的大脑装满人类创造的灿烂文化。

历史记载了重要事件和英雄功名。诗歌升华了我们的内心情感，把超越狂喜和天堂之梦的精神享受带到我们眼前；散文作为一种表达形式，其庄重性仅次于诗歌，为大脑荟萃了艺术与文化中最高贵的理想和所有最令人敬畏的传统，包括宽容、恒心、勇气、高雅等，它们堪称人性中最好的品质，为引导和提升人的素质，它们在任何时代都得到了弘扬。

还有，可以探寻户外的乐趣。培根 [①] 说过："全能的上帝首先培育了花园，这是人类最纯粹的愉悦。"

你知道的，我们家的花园迎接着附近各种野生鸟类的随时光顾，是它们一直以来的避风港，那里永远有过冬的食物，也从来不会响起枪声。

看着我们的三只西部高地小白狗，妈妈和两个小女儿，躺在阳光下的草地上，扇尾鸽步出鸟巢，苏格兰雷鸟从池塘走来，安详、无惧地围着三只狗散步，此情此景对所有想要赢得乡间野生动物信任的人来说都是极大的宽慰。

还有各种需要技巧或勇敢，或两者兼而有之

---

① 培根（Francis Bacon，1561—1626），英国哲学家，英国唯物主义和现代实验科学的鼻祖。主要著作有《论科学的价值和发展》《新工具》等。

的户外运动，这些运动是日常工作之余的消遣，也是滋养身心的愉悦源泉。

还有各种技巧性很强的手工艺活动——绘画、泥塑、雕刻，倘若尽力去做，无论哪种都会给人带来乐趣。

我没有提到音乐，尽管我深信音乐是巨大的快乐之源。我个人并不把音乐演奏置于更高的艺术位置，或许仅在表演之上，毕竟表演只是诠释他人的创作，应该排在最后，而演奏音乐作品也属同一层级的活动。

约翰逊[①]博士曾说："上帝赋予一些人智慧和悟性，给了另一些人演奏小提琴的技艺。"然而，无论作品多么优美，演奏多么精湛，音乐都无法像伟大的艺术形式那样诉诸人的心智，它只是触动人的感觉和情绪。

---

① 约翰逊（Samuel Johnson，1709—1784），英国作家、文学评论家、辞书编纂家。曾创办《漫游者》杂志；编纂第一部《英语词典》；编注《莎士比亚戏剧集》，并作序言。主要作品有诗歌《伦敦》《人类欲望的虚幻》、小说《拉塞勒斯》、评传《诗人传》等。

能够创作和演奏一流音乐作品的年轻人并不鲜见，但在诸如诗歌、绘画、雕塑、建筑等伟大的艺术形式中，却从未有年轻人留下过永世流传的优秀作品。甚至可以说，音乐是唯一能以不同水平甚至低等生物的认知水平去欣赏的艺术形式。然而，一旦我们否认音乐是人类的高等艺术形式，我们又会立刻看到它对人的情绪和情感的深刻影响。

军乐可以须臾激发出人的勇气和爱国主义情感，其力量之大甚至堪比最具煽动性的演讲。

音乐既可以抚慰我们的悲伤，又可以使美好的事物更加美丽动人，它有一种神奇而强大的力量，令我们放弃理性的思想而进入遐想。

最后，安东尼，我们所知的人类最莫名其妙的乐趣，是创作虚构的悲剧和想象悲伤的场景。我们阅读文学名著，听评书落泪，为古人担忧，接连不断的悲惨境遇令我们热泪盈眶、泪眼模糊。或者，我们坐在剧院里，看着舞台演出为我们呈现的虚构的悲伤，直到哽咽；当然，我们还是能从这些心灵触动中获得一种更高雅也更高贵的乐趣——远比从简单的诱因中获得的享乐更具精神性，确乎带有某种无限深情的神圣怜悯。

安东尼，以上就是一些生活中随处可寻的方方面面的享乐，随着你一年年长大、日渐成熟，除了某些户外活动，它们带给你的乐趣也会越来越多。做完你日常的工作之后，记得去找找我说的这些乐趣，你会发现，世界是一个可爱的地方，而生命是一场愉快的冒险。

你敬爱的老祖父

6. 爱情

我亲爱的安东尼：

我想跟你谈谈爱情，尽管我敢肯定，当你被激情俘获时，这些话其实都毫无用处。因为"爱情与死亡一样强大；嫉妒如坟墓一样残酷；那其中的炭是燃烧的炭，喷吐着最炽热的火焰。再多的水都浇不灭爱情，哪怕洪浪滔天。而如果有人为爱情把持不住倾尽所有，那必将为人所轻视"。

当爱情征服一个人时，可能会颠覆他的整个生活；那个与亲爱的你同名的、伟大的罗马人安东尼 ①，可以说是因为对埃及艳后的爱失去了世界。

我们很容易指摘他的愚蠢。克娄巴特拉七世 ② 已经尘封了两千年，她高贵的美无法穿越历史的深渊打动今天的我们，但她对安东尼展示出

---

① 安东尼（Marcus Antony，前82—前30），古罗马统帅。与埃及女王克娄巴特拉七世结婚（前37年），并宣称将罗马东部领土赠予她的儿子。元老院和屋大维联合兴兵征讨。亚克兴战役失败，逃至埃及，自杀。

② 克娄巴特拉七世（Kleopatra VII，前69—前30），埃及托勒密王朝的末代女王（前51—前30在位）。以美貌著称。亚克兴战役中安东尼和她溃败，逃回埃及，相继自杀。

了迷人的妩媚，用不容亵渎的荣耀征服了他的心；当她带着荣耀，庄严地臣服在他怀里时，所有的一切在安东尼那里都黯然失色，世界帝国，罗马本身，当埃及艳后的唇吻上安东尼的唇，所有这些都不再重要。

历史上各个时期都有因爱而闻名天下的伟人，爱的激情带着横扫一切的力量，贯穿了这些智识天分极高的人的一生。爱情有时是他们命运苍穹中的北斗星，召唤他们向着更高更远的目标努力，有时则把他们从伟大事业和关键时刻中拽出来，使他们的人生征途除了爱情，便只剩虚无与挫败。

安东尼，以伟大的方式去爱与被爱是生命的奇迹。如果爱来到你的心中，你将发现周围世界的一切都会为之改变，而你将和阿波罗① 一起"踏上无从触碰、无路可循的天空"。天堂之门将缓缓打开，铰链在转动，你将站在耀眼的门槛上，聆听门内天使和上帝的声音。这是一种狂喜夹杂

① 阿波罗（Apollo），古希腊神话中的光明之神，古希腊艺术中男性美的象征，传说中被爱神丘比特的箭射中而在心里燃起了爱的火焰。

着痛苦的爱，它可能出现在某个人和他生命中的其他任何人之间。

爱情是世间所有伟大诗歌的主题，而历经千年流传至今的爱情诗歌中，无出其右的恐怕还是所罗门①的《雅歌》。它将自然界的温柔可爱与人的炽烈激情精妙地联系起来。

古往今来，所有的诗人都赞美热烈的爱情，颂扬它赋予人类心灵以神圣的奉献精神。如果我告诉你，在选择爱慕对象时必须明智、谨慎、目光长远，这其实也毫无意义。

但尽管这样，我还是要跟你说，假如遇到了突如其来的爱情令你头晕目眩，请记住，在婚姻生活中，这些初期刻骨铭心的激情之痛必然无可挽回地消退为一种平静、友好的炉边爱情；这种炉边爱情中最重要的成分——平静与幸福——产生于共同的利益、相似的品位、平和的性情、完备的教养和相近的成长背景，并需要持续不断地

---

① 所罗门（Solomon），古代以色列-犹太王国国王（约前960—约前930在位），相传《圣经》中的《雅歌》《箴言》为其所作。《雅歌》以情侣对话形式表达婚恋生活的各种感受，赞美纯洁、坚贞、热烈、欢快的爱情。

加以培养。

　　上述条件有任何缺失都可能最终破坏爱的光辉殿堂的根基，你以为它的基础能天长地久，最后却是独自坐在一片荒凉狼藉的废墟上。

　　我祈祷你永远不会遭受嫉妒的折磨。嫉妒也许是人类心灵的最痛之苦。这是一种自我折磨。它令太阳失去光明，把月色变成血光。嫉妒还有一种可怕的后果，就是促使正在忍受嫉妒的人离心爱的女人越来越远。女人瞧不起吃醋的男人，重获芳心的唯一方法是装作对她和情敌的情谊无动于衷，并且暗示你自己已经被其他可爱的人迷住了。

　　至于婚后该怎样处理个人感情问题，我会等你得到了那人生最大的幸福之后再给你提供建议。

　　此时我只能说，如果你够明智，那就避免更多地交往那些吸引你却不具备我所列品性的人，这些品性对一个家庭的持久的满意感至关重要。

你敬爱的老祖父

7. 幽默感

我亲爱的安东尼：

　　英伦民族令人颇为愉快的一个特点是生动的幽默感。这是古时候的人少有的特点，《圣经》里很少见到幽默，即便偶见恐怕也是无心之作：

　　"买物的说，不好，不好。及至买去，他便自夸。"

　　不要把别人告诉你的话再学给别人听，这样你不至于变得更糟。如果你听到一句闲话，把它埋在肚子里吧，别担心，它不会撑死你的。

　　但在英国历史上，从早期开始，"保持幽默的风度"便不断表现为各阶层人士的国民性。虽然在清教徒统治的过渡时期它曾被短暂地压抑，但从莫尔 ① 到班斯法瑟上尉 ②，幽默感一直都在照亮英国人的生活。

---

① 莫尔（Thomas More，1478—1535），文艺复兴时期英国空想共产主义者。代表作为《乌托邦》。

② 班斯法瑟上尉（Captain Bairnsfather，1887—1959），英国连环漫画家。参加过"一战"和"二战"，因冷酷而幽默地描绘战壕里的士兵而著名。

安东尼，你需要培养这种感觉，它能帮助你度过人世间的诸多考验与艰难——它的突然闪现可以化解愤怒、减缓痛苦，让看似忍无可忍的事情变得可以接受。当年亨利八世试图取代教皇成为英国教会的首领，托马斯·莫尔先生拒绝承认，因而被判死刑，注定的死亡在可怕地逼近，却无法枯竭他古怪精灵的幽默甘泉，走到绞刑架脚下时，他转向塔楼的警察说："警察先生，这梯子太不牢靠了，但愿你能看着我安全地上去，至于怎么下来，我自己想办法好了。"

克努特大帝[①]坐在海滨的椅子上，看着他那谄媚的朝臣，假装相信既然他命令海水不得上涨，海水便绝不敢抗命再涨，那一刻他一定有一种调皮的幽默感。

[①] 克努特大帝（King Canute，约995—1035），丹麦、英国和挪威的国王。有一个故事流传很广：克努特的一个臣下献媚说，克努特大帝是海洋的统治者，连海洋也会听他的命令。克努特于是下令将椅子放在海边，命令海水不准打湿椅脚，借此驳斥大臣的胡言。

几个世纪以来，从国王，比如查尔斯二世①，到公交末班车司机，英国人的生活一直都因幽默感而闪亮。莎士比亚以幽默出彩，约翰逊博士的幽默冷峻多样，哥德史密斯②和兰姆③的幽默中有一种令人忍俊不禁的张力。《笨拙》④杂志创刊五十年来一直表达着英国人冷面滑稽的一面；大战当中，无论何处，帝国士兵与对手之间最大的不同，是盎格鲁 - 撒克逊民族能够以诙谐的态度来减轻必须承受的无尽艰辛与苦难，而这在德国人那里却很鲜见。班斯法瑟上尉用他滑稽的"老比尔"的形象，极大地帮助了人们在泥泞、污秽

---

① 查尔斯二世（Charles Ⅱ，1630—1685），其个性活力四射并奉行享乐主义，生前获得多数英国人的喜爱，以"欢乐王""快活王"闻名。

② 哥德史密斯（Goldsmith，1728—1774），英国诗人、剧作家。写作风格是以嬉笑怒骂的形式讽刺时弊，致力于打破当时英国舞台盛行的感伤主义，建立"畅笑"喜剧。代表剧作有《好人》《委曲求全》等。

③ 兰姆（Charles Lamb，1775—1834），英国作家。作品触及资本主义社会的一些矛盾，带有浓厚的感伤情调。著有《伊利亚随笔集》。

④ 《笨拙》（Punch）是英国杂志，创刊于1841年，1992年停刊，被称为世界上最著名的幽默和讽刺杂志。

和死亡中保持微笑。《笨拙》曾有过这样一张照片：一个士兵停下来点烟，嘴里说"稍等啊，德国皇帝"，包括其他许多搞笑漫画，《笨拙》最传神地体现了我们的战士在战壕里的精神状态，从连长到刚入伍的新兵，人们总能从中发现一种怪诞，看到一种可笑的荒谬，甚至是在伊普尔突出部①，那里多年来每天都有一百余人丧生。

我记得多年前目睹过幽默如何以一种不同寻常的方式战胜了愤怒。一位暴躁的苏格兰老绅士被他成年的女儿的伶牙俐齿激怒到忍无可忍，他唯一能做的发泄是走向客厅的壁炉，手臂猛地一挥，把所有的东西——钟表、瓷器、照片和各种小玩意儿全都扫到了地板上和壁炉挡板里，不分青红皂白。然后，站在他的宝贝们的残骸之中，面对着荒谬的场景咧嘴一笑，幽默感瞬间控制住了他，驱散了愤怒。

年轻时听过一个幽默小段子，我觉得是帕麦

① 伊普尔突出部（Ypres salient）位于比利时西部，一战中协约国军队所占据的深入德军阵地、三面被敌军包围的一小块地方，发生过多次战役。

斯顿 ① 说的，他在议会中突然大声说道："这么尊贵的议员为什么要抨击我？我又没给他帮过忙。"

幽默最常见的元素之一，是把本不一致的逻辑并列，从而产生一种令人惊讶和意外的效果。有幽默感的人总是令人愉快，因为这必然意味着他总是心胸开朗。

我们之所以觉得德国人整体上显得非常无趣，最大的原因在于他们完全没有幽默感，个个一本正经，令人望而生畏。

幽默缓解了悲伤，装点了幸福，照亮了生活中枯燥乏味的篇章，所以，安东尼，要珍视它。

你敬爱的老祖父

---

① 帕麦斯顿（Lord Palmerston，1784—1865），英国政治家。两度担任首相。英格兰第二帝国时期最著名的帝国主义者。

8. 残暴行为

我亲爱的安东尼：

　　如果回顾我写给你的关于英国散文的辉煌成就的信，你会看到红衣主教纽曼 [1] 说过一句话："说他从未伤害过别人，这基本上就是说他是个绅士。"

　　这句话非常精彩，我希望你在生活中永远记住这句话。安东尼，永远不要掉以轻心，脱口问出的一句话可能会刺伤和撕碎一颗敏感的心，留下的创痛丝毫不亚于身体受伤。如果一句抖机灵的俏皮话有可能伤害你的任何一位听众，那还是要忍住别说。我认识的朋友里有些聪明人，他们宁愿失去朋友也不想丢掉表现自己的机会，结果是，他们真的失去了朋友！

　　尽管至今无法断言，《评论季刊》上已被遗

---

[1] 纽曼（John Henry Newman，1801—1890），英国神学家、教育家、文学家。代表作为《大学的理想》。

忘的恶劣中伤是否在客观上加速了济慈 ① 的逝去，但雪莱 ② 仍然以激烈的言辞强烈抨击了中伤者："你，可怜的人！最卑鄙的家伙，你肆意玷污了上帝最伟大的作品！你这个刽子手，你没杀此人，但此人却因你而死，你无法为自己开脱。"

安东尼，你会在一生中遇到令人恼火的各色男女——宽容他们吧。

你会遇到狂妄自大、傲慢自负的人——温和以待吧。

你会遇到各种荒唐和愚蠢的人——仁慈一点吧。

你会遇到恶人、流氓、骗子——避开他们。

你会遇到残酷无情的人，他们认为无视动物的痛苦恰恰是男性气概的表现——以勇气和礼貌面对他们，为那些无法说话的动物大声疾呼。

① 济慈（John Keats，1795—1821），英国诗人。与雪莱、拜伦齐名，被推崇为欧洲浪漫主义运动的代表，因肺结核病早逝。1817年在雪莱的帮助下出版了第一本诗集《诗歌》，受到了一些好评，但也有一些极为苛刻的攻击性评论。代表作为《夜莺颂》。

② 雪莱（Percy Bysshe Shelley，1792—1822），英国浪漫主义诗人。受空想社会主义思想影响颇深，与济慈和拜伦关系密切。代表作有《解放了的普罗米修斯》《西风颂》等。

在与动物的关系中，我们要重点考虑的是，它们完全无助地处于我们的控制之下。因此我们需要严肃、负责地思考对待动物时须遵守的原则。

如果我们认为，我们在伦理上拥有剥夺动物生命的权利，我想我们也必须这样认为，但即便如此，我也坚持这样的信念：作为绅士和基督徒，当我夺去动物的生命时，应该尽可能减少它的痛苦。

有人认为，我们无论如何都不该夺去动物的生命。虽然我尊重他们，却无法赞同他们。如果不消灭苍蝇、蚊子、寄生虫、老鼠、田鼠、狼和老虎及其他很多生物，我们就会发现自己没法继续活下去了。我认为不能指望人类愿意从地球上淘汰自己而让低等动物活下去。

我发自内心地认为，杀死动物时造成任何超出必要限度的痛苦都是应受谴责的行为。我只能这样认为，对于绅士和基督徒来说，许多野外狩猎活动既不合理，也无意义。

连续几个小时追捕一只不幸的雄鹿，当它游

向大海宁可淹死也不愿回到陆地时，划着小船继续去追，用绳子把它套住、拖回猎狗蹲守着的岸边，然后在随行狩猎的男男女女的喝彩声中割断它的喉咙，开膛破肚。在我看来，这种消遣与真正的男性气概、高雅品位或基督精神是背道而驰的；那些在周六如此放纵暴虐之兴的人，第二天应该会去教堂礼拜，他们祈祷得到怜悯，因为他们认为自身是仁慈的，在我看来这是对上帝耐心的极大考验。

业余时间以残杀动物为乐，任何杰出、优秀、智慧的人都将口诛笔伐之。

罗斯金① 曾对一幅著名的捕猎水獭的照片做过这样的评论：

"扭动挣扎的水獭，仿佛在哀号的麻袋，在展示更多的这种照片之前，我想请兰西尔先生再想想，你是要我们思忖猎犬的勇猛、水獭的痛苦，还是人类猎获了一只一英尺长的小捕鱼动物的胜利？"

---

① 罗斯金（John Ruskin，1819—1900），英国政论家、艺术评论家、画家。认为资本主义制度有害于艺术的发展，主张用道德和审美教育建立理想的社会制度。主要论著有《现代画家》《建筑的七盏明灯》等。

包括打鸟，我想这种活动的乐趣亦应在于即刻射杀因而避免了鸟类死亡前的痛苦，而不是故意伤害、制造痛苦。现在有些好心人已经经常联想到，因为他们的乐趣，好些受伤逃走的鸟会经历长时间的痛苦。卢伯克①告诉我，他就是在想到这点后放弃了打鸟的。

安东尼，要求你像我一样毕生杜绝这种消遣，对你来说恐怕难以做到；但我希望你记住，我，我的父亲，我的祖父，乃至我的曾祖父，都是仁慈的人，他们远离所有针对动物的残暴行为。

请想想，你与《古舟子咏》②的作者同名，念及此，你是否会不再有太大兴致参与这种残忍活动并甘守寂寞呢？这些诗行，望你铭记在心：

再见，再见！

但是我将告诉你们，

婚礼的嘉宾们！

---

① 卢伯克（Sir John Lubbock，1834—1913），英国考古学家、生物学家、政治家。主要作品有《史前时代》《人生的乐趣》等。
② 英国诗人柯勒律治创作于1798年的叙事长诗，诗中讲述了老水手与信天翁的故事。

会爱的人，是会祈祷的人

无论是人，是鸟，是兽。

最会爱的人，是最会祈祷的人

所有的事情不分大小；

为了爱我们的敬爱的上帝，

他创造并爱着一切。

你敬爱的老祖父

9. 崇敬之心

我亲爱的安东尼：

　　当今很大一部分英国人恐怕已不再培养自己的任何崇敬之心，无论面对多么高贵、美好或是可敬之事。

　　他们不再赞赏名士或生养了他们的父辈。

　　现代人对自得自满似乎已不加掩饰，现在的年轻人自认为自己的成就足以傲视前辈。

　　在我写给你的关于英国散文的辉煌成就的信中，我希望你能看到，至少从翻译《圣经》开始到维多利亚王朝末期，这几个伟大世纪里的作家的表达能力毫无疑问地完胜当今文人的笔力。

　　同时，考察他们的言行，没有谁表现出了恃才傲物、轻视前辈的自负。

　　安东尼，谦逊对于作家来说是一种至关重要的优秀品德，它甚至可以化解批评，给自己的作品锦上添花。

与此同时，在各种伟大的作品面前表达谦逊的必然结果是心生崇敬之情。

我由衷地认为，在英格兰所有肉眼可见的事物中，人类最崇高的成就是那些大教堂，宁静地矗立在不断扩张的丑陋的工厂群落和吞云吐雾的烟囱之外。对工业的崇拜正使得这个国家人性荒芜，经受着从天上到地下的无情堕落。物质繁荣从发黑的烟囱中喷涌而出，在嘈杂的工厂里喧嚣咆哮，而人类在追求这种物质繁荣的同时并没有承担相应的道德责任，任由它污染了田野，破坏了天空。

但是，建造大教堂无关任何人的任何世俗利益。建造它的是这样一群人，他们关注精神胜过物质，他们关心彼岸多过此岸。那些伟大的建造者已经离开，他们的名字也几乎被遗忘殆尽——光荣的设计师、高贵的工匠、美妙而神圣的玻璃的制造者，凝聚了几代人的共同愿望是为上帝的荣耀尽最大努力。几个世纪以来，他们只是尘土和阴影，但是，正如罗斯金所说："他们为我们留下了崇敬之心。"

因此，安东尼，永远不要让当今年轻人的盲目自负夺走你对过往名士和卓越者的尊敬。是他们在各行各业、在人类努力耕耘的每个领域，以"幕后"的宇宙伟大造物主的永恒意志进行着创造和建设。

每一幢真正伟大的建筑，每一部真正伟大的著作，每一场真正伟大的演讲，都必然具有一种气息，隐含着对某种比我们自身更崇高更神圣的事物的自然渴望。今天，人们似乎失去了对所有事物的崇敬，不再崇敬伟大战争中的光荣牺牲。白厅纪念碑①前驶过和走过的人群，他们千千万万、形形色色、日夜不息，十有八九也不会再对有史以来最崇高的自我牺牲脱帽致敬。

好吧，安东尼，你只需步入南肯辛顿博物馆，

---

① 白厅街是伦敦市内连接着议会大厦和唐宁街的一条大街，白厅街最大的特色是竖立着一系列雕塑和纪念碑，其中最有名的一座纪念碑是其南端的和平纪念碑，为纪念第一次世界大战的牺牲者而建。

置身于希腊人创作的宁静完美的作品中就能感受到，现代画廊里那些为博人欢心而做出的粗糙物件是幼稚荒唐的，那些赞美它们的评论家恐怕从未听说过伯拉克西特列斯 ①。

你只需步入国家美术馆的大厅，置身庚斯博罗 ②、透纳 ③、康斯太布尔 ④、凡·戴克 ⑤ 和委拉斯开兹 ⑥ 的皇皇巨制，就能知道立体派、后未来派以及如今的胡编乱造者的无聊和无礼。

你只需徜徉大英博物馆的圆顶大厅，甚至是走进我自己在福特的简陋但珍贵的图书室，面对几个世纪以来的思想王者们的智慧集萃和灵感进

---

① 伯拉克西特列斯（Praxiteles，约前400—前330），古希腊雕塑家。代表作有《赫尔墨斯》、《羊神》（摹制品）等。

② 庚斯博罗（Thomas Gainsborough，1727—1788），英国肖像画家、风景画家。代表作有《蓝衣少年》《村舍的门》等。

③ 透纳（Joseph Mallord William Turner，1775—1851），英国学院派画家的代表。代表作有《战舰无畏号》《纳尔逊之死》等。

④ 康斯太布尔（John Constable，1776—1837），英国风景画家。代表作有《干草车》《跳马》等。

⑤ 凡·戴克（Anton van Dyck，1599—1641），佛兰德斯画家。代表作有《查理一世像》多幅，以及《卡塔尼欧侯爵夫人像》等。

⑥ 委拉斯开兹（Diego Rodriguez de Silva Velazquez，1599—1660），西班牙画家。作有大量肖像画、风俗画和历史画等。代表作有《火神的锻铁工场》《酒神》等。

发的雄辩，就会知道当今年轻文人的闲言碎语实在不足为道。除了自己的作品，他们以鄙视其他所有著作为乐，虽然他们不懂拉丁文，不懂希腊文，正因此也就不懂他们用来评论我们的词语有多无礼。

所以，安东尼，你要知道，刻意贬低过往的文学和艺术巨作，而把幼稚的今天当作人类最后最高的成就来歌颂，这恰恰使一个人骨子里的粗俗和缺乏教养暴露无遗，自作聪明的废话永远无法取代前辈大师的诗歌与散文的耀眼辉煌。

不要去附和令人头晕目眩的众声喧哗，尊重伟大的历史是绅士修养的一部分，熟悉历史会赋予你一种堪称杰出的品质，它珍贵而又稀缺。

你敬爱的老祖父

10. 礼貌

我亲爱的安东尼：

　　关于礼貌，我想说几句。

　　一般而言，有礼貌是一个人不自私的外在证据，它更多地发自内心而非出自大脑。

　　举止礼貌应该是非常自然的，既非刻意表现，也不扭捏作态。

　　要警惕任何马虎与随便，从一开始就要阻止它成为习惯。

　　一个绅士即便独处也应自重。所谓慎独，就是杜绝着装和行事的邋遢与懒散。不能因为只有仆人看得到就穿着卧室的拖鞋下楼去吃早餐。这是放弃自律的开端，接下来就可能会发展到在尚没整理过的床上吃早饭。

　　一旦你容忍自己的身体陷入衣衫褴褛、不修边幅，你的精神状态便将亦步亦趋。

有不少人似乎会这样来看问题：既然世界朝着普遍的民主，甚至社会主义的方向发展，那就应该抛弃上流社会的习惯，让他们的言行举止朝着市井坊间的贩夫走卒看齐。这种误解极其愚蠢；没有人否认帝国的每个国民都应享有完整的政治和法律平等，但如果将这种平等引申为社会生活中的完全一致则是荒谬的。

一个公共汽车司机或者铁路搬运工可能是——我希望通常是——一个优秀而有良好声望的人，完全有权投票选举议员，并很好地履行公民的每一项职责，但他未必适合成为一位绅士的乡村别墅聚会的客人；并且，如果他参加的话，他本人可能会比同行的客人更感别扭。

安东尼，对前辈们表达一点额外的尊重，这恐怕最能让年轻人显得讨喜和有礼貌了。如果在和你父亲的朋友谈话时能偶尔用到"先生"这个貌似平常的词，你将更容易得到他们善意的垂青，而一个成熟的中年人应该会比你的同龄人给到你更多职业和前途上的帮助。

安东尼，还要守时。不守时的人是自私的人，人的行为习惯不规律，他的生活就不规律。

有人把晚宴迟到当作显示自己优越感的手段，让所有人为他等候，希望引人注目地进入高朋满座的客厅，同时随便找个明显不实的借口来敷衍。

你会碰上势利小人，别人是努力赢得他人尊重，他们却是忍痛博人哂笑。毕竟，每个人满足自己野心的方式有所不同，势利小人的快乐在于让别人看到他和地位比他高的人在一起，人往高处走。

我不知道这样的成功除了会伤害追求者自己还会伤害谁。他通常会失去原来的朋友，又被他攀附的人所不屑。前者嘲笑他，后者轻蔑地视他为卑躬屈膝、或许可用的附庸。

安东尼，我给你的忠告是，遵循基督训示的古老而正确的规诫，在上帝乐于召唤你去过的生活中恪尽职守。

认为自己具备某种品质，但事实上并不具备，这是自负。意识到自己确实具备某种品质，但并不声张，这是自豪。

蒙上帝护佑，你已然拥有了许多优势，对此我无须细叙；安东尼，你可以因这些优势而心怀恰当的骄傲，让这种骄傲保护你远离所有不当的言行，保护自己的姓名与家族免遭玷辱。

你敬爱的老祖父

11.选择职业

我亲爱的安东尼：

甫一成年，你必做的最重大的决定是选择职业。

我首先要提醒你，什么选择是切切不可的。

不要试图将任何一种文学或艺术活动作为职业，认为你可以借此获得体面、稳定、可靠的收入维持生活。

英国到处都有"没起跑就输掉了比赛"的人，正值壮年时穷困潦倒，晚年后陷入凄凉绝望，他们本以为可以以画画或写作谋生，所以不肯进入稳定的传统行业。

放眼全国，能在艺术上取得成功的人屈指可数，在破败的寄宿公寓里为千把字绞尽脑汁而能熬出头的人更是寥寥无几。

我告诉你，在辉煌的写作生涯行将抵达终点时，阿诺德的名字在英语世界几乎无人不晓，但他曾亲口告诉我，仅靠稿酬他一年所得从未超过500英镑，你可以由此推断，以写作谋生的机会是多么渺茫。

有个别小说家赚了大钱，但那是他们格外幸运，即便是他们，一旦哪本小说失宠，销量也会立刻大跌。

至于那些可怜的艺术家，在被人遗忘的工作室里孤苦伶仃地挣扎，还有谁的命运比他们更惨？

今天的人不会花钱买当代画作，除非因为虚荣而买自己的肖像，当代画家的风景画和静物画是没有市场的。

确实有人愿意为过去的大师之作一掷千金，但只有画家故去之后，其作品才有购买价值，这对在世的正在挨饿的人又有什么帮助呢？

下一个不能选择的职业是演员。演员的成功往往并不取决于他本身和他的工作质量，而是极不确定的撞大运，要看某人的剧本是否碰巧被观众热捧，而编剧并不是演员所能左右的。

此外，像演员一样完全屈从于观众的摆布对自己是很大的委屈。演员在角色上可能已倾尽凡人之所能，但观众仍然根本不买账。同时，如果观众不喜欢一场演出，他们很少会在一片谴责声中区分这是演员的问题还是编剧的责任。

然后，如果一天的工作是从晚上开始，那舒适安逸的家庭生活就没法指望了；还有，安东尼，我觉得一个职业包含如下要求总是让人不快的：从业者必须一夜复一夜地以油脂和颜料敷面，扮演另一个人，并将处于这种窘境的自己置于观众的评判中，因为是观众花钱让他来这样做的。

但同时我要说，过去四十年里我和一些出色的演员保持着亲密友情，我发现他们都很有品位，为人正派，确实是有魅力的伙伴。

安东尼，医疗业惠人良多、利己有限。首先，它的专业训练令人生畏，其次，医生的实际工作包括私密问询和调查了解，这必然与敏感的患者发展出日常生活中的交情，而这种交情多少会令人感到尴尬和不适，其结果便是，人们通常很少欢迎医生来家里做客，除非有病求诊。

综上，安东尼，理想的职业是陆军、海军、律师、神职人员、建筑师、公务员、外交官和诸如银行、国内外贸易业的高级商务师。

它们中的某些职业要求并不高，无非良好的直觉和行事稳重。成功的商人大都具备这些品质，并且专心致志。商业会使人过于精明。

陆军和海军需要军官具备优秀领导者的素质——坦荡直率，遇到问题是非分明、公道正派、坚定、大度、善良，其实，就是一个真正的绅士应有的品质。无论陆军还是海军都发不了财，但他们在每个社会阶层都会受到尊重，并且彼此间充满幸福的战友情谊，这是人生中的巨大财富。

如果你才思敏捷、判断敏锐，具备说服他人的演讲天赋，那么律师行业是你最好的领域。

在所有职业中，它是对没有成为行业翘楚

者表现得最友好的一个。没有其他哪个行业拥有如此众多的长期职位，并且对它的从业者待遇优渥。

高等法院法官、县郡法院法官、治安法庭法官、专业治安法官、书记员、法院官员、巡回法院工作人员和围绕律师行业运转的各种职位，它们为行业中还没有优秀到足以抗拒这种诱惑的人提供了体面的避风港。任何在这个行当中坚持不懈的人，只要不为发展速度慢而心生嫌弃、转行，都可以理所当然地期待获得一个长期职位，并因此免于对现实贫困的恐惧。

教会，或者按照他们喜欢的说法是，进入圣职序列，在我看来，如若不是无法抗拒心与良知的感召就不该进入这个领域。

牧师在其教区的影响力完全取决于他自身如何表现。他自身必须具备基督教信仰所内含的所有优雅与美德——他必须切实努力，率先垂范，践行布道时对信众的教诲。

如果他像一个基督的战士那样进入世俗生活，为自己的生存而与周遭的邪恶和残暴斗争，几乎可以肯定，他要么会感到自己被遗弃了，要么就是被体系中的上级算计了，这会让他理想破灭。

建筑业是非常有吸引力的行业，它是你最亲近的亲人所追从的行业，恐怕也是天生最合适你的一行。从事这个行业最需要的是品位，而品位来自生长环境的熏陶。

精妙的设计能力是一种天赋，这是一种稀有天赋，我不确定你是否具备。

建筑师生活的迷人魅力在于它本身包含了许多不同职业元素——绘图，设计，在高大宽阔的桌案上建模，然后摇身一变去到户外，当真实的建筑物拔地而起时，去全国各地视察和监督。

看到大脑所构想的高楼大厦最终完工，矗立在大地上，一定让人非常开心。

公务员需要通过有难度的考试，之后便显然没有任何吸引力了。它无疑是安全和稳定的，但很沉闷，非常沉闷，"灰色的生活，可悲的结局"。

外交官只适合极少数人，需要有语言天赋，收入稳定，亲戚朋友在使馆界有权势。

好了，安东尼，我不确定这封信对你有多大帮助，我也不会替你做选择。这是你自己的伟大冒险——但我敢说，你能觉察到我个人对你的职业选择的期望。

你敬爱的老祖父

12. 友 爱

我亲爱的安东尼：

　　我曾经在另一封信里跟你谈过男人年轻时的最大冒险：爱情。今天，我想说说另一种不同的爱：那种将朋友、兄弟、父母和孩子联系在一起的爱。一种基于无私的爱，永远在给予，从不求回报。

　　当我还是个孩子时，我没有想过父母能够像现在这样疼爱他们的孩子。那时候大部分的孩子都只能被送进托儿所，只能带去由陌生人照看。

　　而现在的父母对孩子真是宠爱有加。

　　我们现在意识到了天真无邪的神圣——过去的人似乎未曾表现出这种对孩提时代的崇敬，这并不是现代人的放纵或是溺爱，而是我们比过去的人对某种真理有了更深刻的理解。

　　安东尼，你尚在你的青葱时光，不指望你在目前的生活中能充分感受到孩子对于我们这些已走过漫长岁月的老人的意义，能全然感受那双小脚丫前面的漫漫长路。

我们成年人是这样的，虽然知道该下什么决心，但从来不去做；对永远得不到的东西，放弃了渴望；一旦得到满足，便立刻感到厌倦；对所有失去的机会追悔不已——在我们看来，小孩子没有任何瑕疵，没有悲伤，没有遗憾，没有罪孽，是远胜于我们的存在，这证明了一种神圣的辩证，最小的是最伟大的。我们要记住，冒犯任何一个孩子都会被惩罚——那是来自神的旨意："倒不如把大磨石拴在这人的颈项上，沉在深海里。"柯勒律治写过如下诗行：

一个小孩，一个活泼的小精灵

唱歌跳舞好心情；

小仙女的脸蛋红红又圆圆，

从不去寻找，却总能发现，

这景象仿佛一束光

让父亲的眼睛发亮。

随着年龄的增长，安东尼，我相信你会越来越意识到童真时代的美丽和圣洁；并且我希望你能体会到，生活中最大的幸福莫过于对儿女和孙辈的爱。

世上最古老的文献里记载了大量朋友间的友爱。在大卫为约拿单①的死悲泣时，他哀歌道："你向我发的爱情奇妙非常，过于妇女的爱情。"

《约伯记》中有一个经典的完美友情的记述。约伯②的三个朋友在他遭遇可怕的灾难时来安慰他，当接近他时，他们抬眼远望，认不出他，因为可怕的天罚对他的打击太大了："他们就同他七天七夜坐在地上，没有一个人向他说句话，因为他极其痛苦。"这是一幅庄严的景象，它对无限的悲哀和无限的同情的表达是所有其他文学作品无法比肩的。寂静和沉默更加凸显了不可言说也无

---

① 约拿单（Jonathan），以色列首任国王扫罗的长子，大卫的莫逆之交，在战争中与父亲一起阵亡，大卫为此哀痛万分。
② 约伯（Job，约前2201—约前1991），据《圣经》记载，约伯是一个忠信不渝、敬畏神的义人。

法被抚慰的痛苦。

安东尼，在生活中你会经常发现，当朋友陷入巨大的悲伤时，我们表达同情的最好做法是：走近他，握住他的手，陪着他，少说话或者不说话；因为我们遇到的悲伤常常是无以言表的。

你将懂得，安东尼，当世界捶打我们的时候，我们才会发现谁是真正的朋友。

要永远记住，真正的友爱是一种奉献；准备随时随地为朋友去做我们甚至不愿费心为自己去做的事。

它会给我们带来一种纯粹的快乐；因为真正为朋友而付出的感觉是极大的快乐。

在世上拥有一个真正的朋友像是拥有了一件无价之宝；而没有朋友的人将活得孤立无援。

友情给人的一个慰藉是，我们有了可以共情的人，我们的懊悔、快乐和忧伤、热望、事业都有了可以分享的人。

培根说，"如果你把忧愁向一个朋友倾吐，你的忧愁将会减轻"，他还进一步说道，"没有朋友的人就是退出了人生舞台的人"。

老波洛尼厄斯 ① 对他的儿子说："相知有素的朋友，应该用钢圈箍在你的灵魂上。"对待朋友的一个重要原则是，既不要期望过高，也不要过分苛责。如果朋友似乎长时间怠慢了你，当他终于来看你时，不要责备他忘记了你，相反，要因为久违的重逢而更加诚挚地接待他。

明智的做法是，不要接受来自朋友的重大利益，比如某种意味着还有后续义务的利益——如果双方感到在关系中存在义务，友谊便很少能维持下来，若不想关系变淡，双方都应对朋友间应尽的义务宽宏大量。

不要跟生活条件差距太大的人交朋友，除非你们年龄差距也大，不属于同代人。

拥有不同财富和地位的人之间也有可能存在令人神往的友谊，但那更可能是一种类似导师和

---

① 波洛尼厄斯（Polonius），莎士比亚的悲剧《哈姆雷特》中的人物。

学生的关系。

在同代人之间，真正的友谊最好基于阶层和收入大致相当。

只要在基本道德问题上没有分歧，便无须强调朋友间具备相同的品位；你们可以在其他事情上有不同的看法，这不影响你们成为最亲密的朋友。

假设你不希望看到某个男人和你妹妹（如果你有的话）结婚，那就别跟他交朋友。

一方面，在人群中找不到友谊，另一方面，没有友谊的世界是空旷荒凉的。

因此，安东尼，幸福的人生得二三知己足矣。

心甘情愿地把最好的自己给他们，给他们你的快乐、你心中最好的话语、你心中最温暖的同情，你便配得上蕴含着所有美好和理解的爱的回报了，这是余味隽永的真正的友谊。

你敬爱的老祖父

13. 热爱大自然

我亲爱的安东尼：

我希望你不断地在心中培养对大自然的深深热爱，体察身边可见的万事万物，它们没有生命却在变化，在精妙的秩序和设计中体察神的意志。

我想，只要具备正常的观察力，任何人都会震惊，所谓"可怜的谬误"，近年来渗透进了文学，占据了我们的心灵。

所有善感的人都乐于想象身边可见的万事万物是与他们自身休戚与共的；是的，安东尼，我不认为只有你我意识到了时光流逝，太阳落山今日便不再复返，因而面对辉煌落日感觉到满目忧伤，每一条延伸的金色云线，每一缕琥珀色的柔美幽光，都是无可名状的遗憾和令人感伤的告别。

安东尼，如果你用心倾听，你将听到巨浪反

复冲刷海岸的声音；夜深人静时溪流在长满苔藓的石头间流淌的声音；风吹过树梢的断断续续的沙沙瑟瑟；盛夏的酷热里，远方教堂的钟声穿过铺满阳光的草地而来；所有这些声音都让你感觉仿佛在与宇宙间伟大的精神沟通。

于是，环绕着我们的声音和景象仿佛都是我们的情感和渴望在物质世界里的象征，我们的灵魂在它们的魔力下获得了生命。

安东尼，这会是你的命运吗？像我一样，搭上一艘巨轮驶过深海，在星空下穿越热带的大海。寥廓的天空，无垠的海洋，它们的静谧祥和将使你感受到精神上的某种平静和来自它们的平静的威严；当你在陌生的天空下穿过遥远的海洋回到家时，你会更快地领悟《诗篇》中的美丽诗句：

在海上坐船，在大水中经营事务的，

他们看见耶和华的作为，并他在深水中的奇事。

虽然我一直都喜欢草地、灌木篱笆和幽深的老巷子，但这些都是人类的作品，耕耘过的土地；安东尼，所以我有时想，去乡村生活挺好，也许那里依然保持着自然的原貌，除了道路以外尚且没有留下其他人工的痕迹。

从克兰米尔池塘附近的源头出发，沿着达特河到达特茅斯，这是一段美妙无比的徒步旅程，达特河源自达特穆尔[①]中央沼泽，在长满野生帚石楠的两岸斜坡间蜿蜒数英里，流经达特米特后与西达特河相汇，陡然跌落在两岸岩石高耸的深谷中。当壮美的巴克兰森林开始出现，为峡谷的两岸披上外套的时候，这条可爱的河流最终流到了草原地区，在托特尼斯与海潮交汇形成一个景色迷人的入海口，最后流入大海。

直到今天，这段旅程的绝大部分景色依然是数千年来的原貌，人类尚未染指。

苏格兰的大部分地区也保留着这种原生

---

① 达特穆尔（Dartmoor），英格兰西南部德文郡的一个地区，是一个受保护的国家公园，其中有大片荒芜之地。

态——二十英里长的埃里希特湖，从一头到另一头都看不到人类活动的痕迹。

安东尼，我想，如果我们能让它们开口，并愿意倾听它们，这样的景色一定会对我们有很大的影响。

大自然在无人能及、人迹罕至之处展现了世界的无限美好，令我们感受到了创造的伟大与辉煌，感受到漫长岁月的流逝并没有显著改变山丘的形状、湖泊的位置、河水的流向。与此对应，人类活动的兴衰和我们自己小日子的起落是如此荒谬而无谓。当我们再回到自己的生活中，我们将会谦逊，同时对我们看到的一切背后所潜藏的力量怀有更加强烈的崇敬。

你敬爱的老祖父

14. 高尚

我亲爱的安东尼：

　　我认为，高尚是绅士重要的品质之一，而与之相反的是言行上的猥琐。

　　一个高尚的人会秉持正义待人，哪怕彼此看法不同，哪怕他坚决反对对方的观点，完全可以做到在不放弃自己的观点的同时，容忍与自己不同的意见。

　　在讨论中更有说服力的做法是，从开始就承认我们的对手像我们一样真诚，而不是相反，假设反对我们观点的聪明人都动机可疑。

　　明察朋友之间的争论，一旦可能发展为剧烈冲突，不要火上浇油，赶紧浇水灭火、居间调停。

　　我敢说你一定会遇到这样一些聪明而心智早熟的年轻人，他们自幼在母亲的膝盖边开始接触宗教，当陷入自己难以挣脱的困境时，便立即宣布怀疑科学之外的一切东西，甚至将对上帝的信仰与某种关于太阳的神话相提并论。

安东尼，你可以这样自我安慰，至少培根可能跟你的年轻朋友们一样聪明，和他们一样能够洞悉未知事物的深度，而连他也是这么想的：否定上帝就是否定人的高贵，因为显然人在肉体上是与野兽有血缘关系的，如果他不在精神上与上帝接近，那他就是一个卑鄙无耻的东西。

"这同样会妨碍高尚和人性的升华。"你最好把那些试图洞察不可洞察之物的徒劳努力留给那些年轻绅士，他们自认为可以跟上帝一起玩杯子藏球的游戏。

高尚之人一言一行更多听从心的引导而不是理性，如果你的理性在三十九条信纲①前感到犹豫，那就任它犹豫吧；但是，你的心和良知会明白无误地指出"应该"和"不该"。安东尼，随心而动，永远不要犹豫。

---

① 英国国教会的信仰纲要，制定于伊丽莎白一世期间。自1865年起，英国圣公会的教牧人员按规定必须确认这些原则。

高尚之人往往是勇敢的。

勇敢是人们颂扬的品质，而且是一直以来被颂扬的品质，被正确引导的勇敢固然是一种优秀美好的品德，但勇敢却可以让好人变得更好，让坏人变得更恶。

胆小往往会让一个人"有贼心没贼胆"，胆大则可能催发作奸犯科。

人们可能会过誉单纯的身体蛮勇，这在邪恶的人身上并不鲜见——盗窃、谋杀和各种野蛮行径。

大量低等动物身上都有这种蛮勇——螳臂当车便属此类。

但缺乏勇气是一种耻辱，懦夫是可耻的。

在大战中，有些年轻人说他们的良知不允许他们去杀戮，不过良知似乎没有反对他们接受其他人的英勇奋战，正是其他人在他们与毁灭之间的英勇奋战带给他们安全。我认为，在征兵制度化后，他们可以在公正的神意面前证明他们参军是正义的——他们认为是神的意志阻止他们参军——现在他们有了违抗神意的合理理由。

如果他们所信奉的神不肯宽恕、不肯减轻入伍之痛苦，那他一定是最冷酷无情的神！

他们不是高尚之人。

给予维多利亚十字勋章① 获得者以崇高的荣誉，不仅是因为他们勇敢非凡，更是因为他们为了他人不惜一切。这正是他们的荣耀和崇高所在。

一个敢驾着小船横越尼亚加拉瀑布的人当然是个勇敢的人，但没人认为他该因此获得维多利亚十字勋章。

为赌注或宣传而做的某种勇敢举动与赢得人们敬意的行为不可同日而语。

一个人所能选择的最卑鄙的勾当，是假装出对有钱人的喜爱和奉献，企图借此从生者或死者那里谋到一点利益；高尚的人绝不会涉足这种行径。

不难看到，有些在大半辈子里被迫拮据生活

---

① 英联邦国家的最高级军事勋章，1856年维多利亚女王设置。

的人，即便后来有了钱，似乎也无法停止俭省的习惯，因而被人指为吝啬。

安东尼，高尚之人将是慷慨之人，除了满足自己所需和保障身后依靠自己生活的人的所需，他不会死攥着钱财不撒手。不过在做善事时，他会谨慎地避免使用定期年金的形式，因为这可能会使被接受者认为是不固定①的，要避免采用这种做法，而在不期待重复的赠予中更慷慨。

总之，安东尼，你有良好的直觉，加上心地善良，这定会引导你稳步走向高尚。

你敬爱的老祖父

---

① 译者怀疑此处是作者笔误，"不固定"应为"固定""确定"。

15. 游 戏

我亲爱的安东尼：

　　许多口口相传的谚语里其实没多少真正的智慧，比如有句话说"通往地狱之路是由好心铺成的"；我还是期望我们都能仰望远方的神山，尽管我们笨拙的双脚永远难以企及，但总比连希望都不曾有过要好。也许，尽管我们动机友善，却因为自身的某些限制而没有实现好的结果，但仍将看到，通往天堂的地板是由仁慈的手铺就的。

　　但是，有一句谚语经受住了时间和实践的检视，并得到了智者的普遍认可，那就是"诚实是最好的策略"，且放之四海而皆准。我年轻时到过世界各地，发现"英国人讲真话，值得信任"是一条被普遍认可的定论。在南美的西班牙人当中，当他们希望强调自己的诚意时彼此间会说，我们"像英国人一样说话算数"——这是对我们多么高的敬意啊！

我相信，犹太人几个世纪以来在金融界有目共睹的成功，一定基于这样的事实，他们虽然会开出不合情理的价格，但在履行合同时绝不打折扣。

但是在生活中，除了做交易要有这种简单明确的诚实的义务，还有一些更好却没那么鲜明的东西是所有真正的英国人都奉行和珍惜的，那就是贯穿于一言一行中的荣誉感。

我们可以对赫曼斯夫人[①]的著名诗句发笑，"男孩站在燃烧的甲板上"，但这是个真实的故事，那个男孩在追求游戏中的荣誉。

戈登[②]是同样的例子，他为了荣誉而死守孤独的岗位数月之久，直至以绅士应有的姿态死去——他也是在追求游戏中的荣誉。

在所有的娱乐和游戏中，这种对荣誉的一丝不苟、不容置疑的坚持是英国绅士的标志。

人们不会怀疑随身携带球杆的高尔夫球员会

[①] 赫曼斯夫人（Mrs Hemans），19世纪英国诗人。

[②] 戈登（Charles George Gordon，1833—1885），英国军官和殖民地行政官。曾任苏丹总督。1885年被苏丹穆罕默德·马赫迪起义军击毙于喀土穆。

在视线之外作弊，在板球或足球比赛中没有绅士会质疑或反驳裁判的裁决，他们理所当然地相信对方与自己一样重视荣誉。

如果一个体面人被公开质疑玩牌时作了弊，整个英格兰都将义愤填膺。

我们对于这类事情极其敏感，极端情况下，即便所有证据看起来都不容置疑，我们也宁肯怀疑自己的亲眼所见，而不愿接受一个英国人已然名誉丧尽的可恶的结论。

安东尼，我认为，被其他民族及人民视为英国绅士基本品质的诚实可信，其源头在于我们的国民热爱以最佳的体育精神来进行游戏。

公立学校培养学生对诸如板球、足球之类的活动的爱好，力图对每位参与者都产生最好的影响。他将学会把自己的团队的利益置于任何个人野心之上，学会在这种游戏中永远应该坚持的无私精神。

在我看来，安东尼，板球和足球运动的职业

化程度的提高对这些运动本身造成了很大伤害，使它们丧失了原有的优秀品质。

我从 1876 年开始加入 MCC[①]，目睹了板球运动职业化导致的传统体育精神日渐衰退，站在三柱门前几个小时无所事事，因为他们不会费力去打一个直球，他们兴趣的焦点在于自己的平均收入，对于精神和灵魂，他们毫不在意。而说到足球，我不仅听说过球员可以在球队之间高价买卖，而且听说有人公然宣称，在一场重要的比赛中，一方球队收受重金而故意输球。

体育比赛做到这个份上对谁来说都是一种耻辱。

在我的理解里，这是这个时代之特征的一部分，即人类活动的全部领域的专业化程度都在不断增长。过去，人们把游戏当作生活里可以带来轻松与闲适的业余爱好去玩，现在，游戏成了许多人生活里唯一的事情，甚至连以往只是偶尔玩一把惠斯特牌消遣一下的女性，现在也一年到头

---

① 马里波恩板球俱乐部，英国板球的管理机构。

天天花上好几个小时来打桥牌了，好像这是个正经工作，这是什么样的生活啊！

但是，安东尼，除了在业余时间为了愉快的娱乐和消遣可以和你的朋友邻居们尽情玩一通之外，不要因为其他任何动机玩这些游戏，无论何时何地，甘愿失去，也不能因最轻微的怀疑玷污最重要的荣誉。

在游戏中这样历练自己，以审慎的敏感、绝对真诚的言行面对生活的一点一滴，你将永远不会后悔。因此，安东尼，你将得到所有认识你的人的信任，这对你来说比荣华富贵更加有益。

你敬爱的老祖父

16. 安 宁

我亲爱的安东尼:

　　年轻人天性积极向上,不断尝试新的生活,心中洋溢着生活的快乐和激情,雄心勃勃;他们是早晨八九点钟的太阳,世界是他们的;他们播种崇高的努力,收获丰硕的成果,带着沉甸甸的麦穗凯旋。

　　我还记得我也有过一颗"欢乐的、二十三岁的舞动的心",那时,阴暗的日子还离得很远,那时,我还在怀疑我也会变老,更不要说也会死!而即便在那些青春悸动的日子里,安东尼,命运兜转之间,有时我会觉得我丢掉了最大的报偿,即甜蜜的安详,一种平和宁静。

　　当你的脉搏开始适应中年生活的节奏而平静地跳动时,当你乐观的少年时代的理想和雄心壮志难以实现,被不那么高远的意图和更容易达到的目标所悄然取代时，这座安静的老房子的景象可能会浮现在你的记忆中，你的老祖父在这里度过了他生命中的最后几年。这座房子的每个房间和角落似乎都让人想到"愿你城中平安"的祝福。

许多人以获取财富为目标，却少有人以获得安宁为目标；然而，安东尼，安宁是更值得追求，也更容易获得的。

有人为财富奋战经年却一无所获，摆在他面前的充其量只有接受失败。

一个人若只求平静愉快的满足与幸福的平安之路，他便可以乘着惠风在人生的航程中前行，把美好的航船驶入安全的港口。

安宁的生活近乎人人唾手可得，看明白这点是件令人幸福的事，尽管少有人追求这样的生活。

安东尼，要持续培养阅读的习惯，我之前的信向你展示了，一个经过甄选的图书室的宁静的书架上，有一片无垠的快乐原野。

如果你能够很早养成这种幸福的习惯，你将为自己后面的岁月积累一笔财富，渐渐地，你会累积出一长串的阅读书单，在成年生活闲暇允许时，你便可以带着喜悦去读。

安东尼，我正坐在我热爱的图书室里给你写信，自得地坐在卡莱尔① 的椅子上，他住在切恩街的那些年一直用的那把椅子，旁边放着约翰逊编撰的那本伟大的词典的第一版。身旁的旋转书架上，环绕着我的是那些名垂青史的大师，虽已远去，仍在发声。

昏暗的角落里，古旧的大钟嘀嗒嘀嗒地走着，把时间从无限的未来的一部分变成无限的过去的一部分。我独自坐着，房间一片寂静，只有它轻轻提醒我时光飞逝，温柔地，慈爱地，像一个老朋友。

我从窗户看向简朴的花园、草坪、池塘，苏格兰雷鸟迈着大步四处奔跑，自负的鸽子趾高气

---

① 卡莱尔（Thomas Carlyle，1795—1881），英国作家、历史学家。著有《法国革命史》《过去与现在》等。

扬，不时瞥见一只翠鸟栖息在小水闸的门上，水正从那里涌出，发出轻柔的流水声，白天听不见，但在万籁俱寂的夜里，它会悄悄从窗户溜进我的卧室。

阳光灿烂的时分，我总是从图书室的花园门出来，走下小小的砖砌的台阶，朝南坐下，看着小鸟开始它们幸福的一天；如果我一动不动地坐着，有时会过来一只知更鸟，一步步地靠近我，直到最后，可爱地大胆飞过来，栖落在我的膝盖上，抬起它小小的、明亮的黑眼睛看着我，自信得像是我的大儿子。

在英格兰，我们可以享受四季变化，避免了热带气候的单调。即使在深冬，有时花园里沉睡的植物也传递出一种神奇的感觉，春天正走在从南方过来的路上。"冬天在旷野中休眠，它微笑的脸上装点着春天的梦。"观察天气，记录温度，屋檐下接水的盆子被雨水灌满，喂养六个蜂箱的蜜蜂，花园的琐碎事务占满了短暂冬日的时光并令我们同情伦敦人，上面的烟囱和下面的人行道，除了这种沉闷的景象，没什么别的可看，而白天也不能叫白天，只是几个小时的昏黄时分而已。

然后是室内，除了可以浏览数千本书籍，还要在星期天给所有的钟上发条；从井里抽水的发动机不能启动或是井水抽干而管子里注满空气，或是电灯突然熄灭，有人立刻冲向花园里的设备间，电灯随即又亮了，所有这些都会让我们有小小的兴奋。

因此，即便是隆冬，住在乡间也可以让我们在意外状况中自给自足、自得其乐，不受公共水电供应系统的影响。

坐落在惬意的花园中的乡间别墅，这里一年四季的安静生活给一颗知足的心带来了无尽的乐趣。

因此，安东尼，我无法想象有比你更好的命运，可以自幼远离倾轧纷争的世界而生活，在千变万化的乡居美景中得到安宁。

我还能有多少次看到春天来临、看到大雪融

化前一棵雪花莲孤独地升起的机会，幸好我不知道，但是我会满怀感激地对待每一场雪，就像这是我生命中的最后一场雪，万一我再也不能给你写下一封信了呢？听我说，安东尼——没有比世界和平和内心安宁更大的幸福，这是你在生活中能够实现的终极目标；莎士比亚告诉过我们一句话，"安宁的良心"会带给我们"超越一切世俗荣耀的平静"。我知道你永远不会做任何事使自己失去安宁的良心，因此，我可以向你告别啦，亲爱的安东尼，祈祷你在生命中能得到"超越一切世俗荣耀的平静"，这样，当你发现自己已经不在曾经熟悉的地方时，你将不会恐惧在万物终结之处进入绝对的寂静。

你敬爱的老祖父